CFD-Trading
für Einsteiger

Ralf Graf

VORWORT

Ziel des Buches:

Das Buch soll Lesern die Grundlagen des CFD-Tradings verständlich und praxisnah vermitteln. Der Fokus liegt darauf, den Einstieg zu erleichtern, ohne Fachjargon und ohne in komplexe Theorien abzuschweifen. Die Leser sollen nach der Lektüre in der Lage sein, eigenständig zu traden und die wesentlichen Parameter des CFD-Handels zu verstehen.

Über mich:

Ich trade seit knapp 20 Jahren ausschließlich CFDs. Der Anfang war schwer: alles war neu, was ist wichtig, was ist unwesentlich?
Als Informatiker hatte ich immer das Ziel automatische Strategien zu entwickeln. Dabei verwende ich nach wie vor den Metatrader 4 (sein Nachfolger, der Metatrader 5, ist auch nach 10 Jahren deutlich weniger verbreitet, bietet für CFDs kaum Vorteile ist aber deutlich schwieriger zu programmieren). Natürlich waren nicht alle meine Ideen erfolgreich. Inzwischen habe ich aber einige, über mehrere Jahre hinweg, profitable Strategien entwickelt.
Ich kann also sagen: es geht.

Copyright © 2024 Ralf Graf

Waldmüllerstr. 30
90455 Nürnberg

ISBN: 9798341420779
Independently published

Alle Rechte vorbehalten.

INHALT

1. Warum? 1
1.1. Warum das Buch? 1
1.2. Warum Trading? 1
1.3. Die Börse 1
1.4. Der Devisenmarkt 2
1.5. Broker 2
1.6. Das tägliche Handelsvolumen 3
2. Einführung ins Trading 4
2.1. Was ist Trading? 4
2.2. Unterschied traditionelle Investitionen und Trading 4
2.3. Risiken und Chancen im Trading 5
2.4. Psychologie des Tradings 6
3. Grundlagen des CFD-Tradings 7
3.1. Was sind CFDs? 7
3.2. Vorteile und Nachteile des CFD-Handels 7
4. Wichtige Begriffe des CFD-Tradings 9
4.1. CFD-Begriffe 9
4.2. Bedeutung des Hebels 12
4.3. Charts / Timeframe 13
5. Die Auswahl des richtigen Brokers 14

5.1.	Bedeutung der Brokerauswahl	14
5.2.	Kriterien für die Brokerauswahl	14
5.3.	Market-Maker oder STP/ECN-Broker?	15
5.4.	Handelsplattformen	15
5.5.	Demokonto nutzen	20
5.6.	Fazit	21
6.	Praktische Aspekte des CFD-Handels	22
6.1.	Handelsstrategien im CFD-Handel	22
6.2.	Risikomanagement im CFD-Handel	23
7.	Anhang: CFD-Handelsbegriffe	25

1. Warum?

1.1. Warum das Buch?

Als ich vor 20 Jahren mit dem Trading begann, habe ich mir auch erst mal ein Buch besorgt. Das war 400 Seiten schwer und völlig unübersichtlich. Ich habe mir dann doch die Informationen im Laufe der Zeit im Internet besorgt.

Und, wie viele andere wahrscheinlich auch, habe ich die Hinweise über Psychologie und Disziplin beim Traden ignoriert und mich von Gefühlen leiten lassen.

Ziel dieses Buches ist es erst mal alle wesentlichen Begriffe zu erklären. Wenn es möglich ist, dem ein oder anderen Leser eine blutige Nase zu ersparen, habe ich mein Ziel erreicht.

1.2. Warum Trading?

Die Frage ist schnell beantwortet: man will mehr aus seinem Geld machen.

Dafür gibt es Unmengen verschiedener Angebote. Das fängt an beim klassischen Sparbuch bei der Bank und geht bis zum eigenen Spekulieren an der Börse. Das Sparbuch ist vergleichsweise sicher, bietet aber wenig Rendite. Das Spekulieren an der Börse ist riskant, man kann deutlich mehr Gewinne erzielen – aber auch deutlich mehr Verlust machen.

1.3. Die Börse

Den Begriff "Börse" kennt man. Die Börse ist ein Marktplatz, auf dem Wertpapiere wie Aktien, Anleihen und andere Finanzinstrumente gehandelt werden. Sie dient als Plattform, auf der Käufer und Verkäufer zusammenkommen, um diese Wertpapiere zu kaufen und zu verkaufen – alle mit dem Ziel Gewinn zu machen. Die bekanntesten Börsen weltweit sind die

New York Stock Exchange (NYSE), die NASDAQ, die Frankfurter Wertpapierbörse und die London Stock Exchange.

1.4. Der Devisenmarkt

Der Devisenmarkt, auch als Forex-Markt (Foreign Exchange Market) bezeichnet, ist der weltweit größte und liquideste Finanzmarkt. Hier werden Währungen gehandelt, und zwar in einem globalen Netzwerk von Banken, Finanzinstituten, Unternehmen, Regierungen und Einzelhändlern. Anders als bei den meisten Finanzmärkten gibt es keinen zentralen Handelsplatz für Devisen, sondern der Handel erfolgt rund um die Uhr über das sogenannte Over-the-Counter (OTC)-Netzwerk.

Im Devisenmarkt werden Währungen immer in Paaren gehandelt, wie zum Beispiel Euro gegen US-Dollar (EUR/USD) oder Britisches Pfund gegen Japanischen Yen (GBP/JPY). Wenn man eine Währung kauft, verkauft man gleichzeitig die andere. Der Wechselkurs gibt dabei an, wie viel von einer Währung für eine Einheit der anderen Währung gezahlt werden muss.

1.5. Broker

Kleinanleger wie wir können ja aber nicht an der Börse oder am OTC-Netzwerk teilnehmen. Vor vielleicht 30 Jahren entwickelten sich Broker, die eine Börsenzulassung haben und am OTC-Netzwerk angeschlossen sind. Diese Broker ermöglichen es auch Kleinanlegern durch Bündelung deren Transaktionen an der Börse und im Forex-markt zu spekulieren.

1.6. Das tägliche Handelsvolumen

Das tägliche Handelsvolumen an der Börse und im Devisenmarkt ist immens: Schätzungen sprechen von 5 Billionen USD täglich.

Und nochmal: diese Summe entsteht durch Spekulationen mit dem Ziel, Profit zu machen.

Durch geschickte Strategien sollte es doch möglich sein, einen kleinen Bruchteil dieser Summe in Gewinn zu verwandeln – oder?

2. Einführung ins Trading

2.1. Was ist Trading?

Trading bezeichnet den Kauf und Verkauf von Finanzinstrumenten, wie Aktien, Währungen, Rohstoffen oder Derivaten, mit dem Ziel, Gewinne zu erzielen. Im Gegensatz zum langfristigen Investieren, bei dem Vermögenswerte über Jahre oder Jahrzehnte gehalten werden, ist Trading oft kurzfristig ausgerichtet. Trader nutzen Marktschwankungen, um von Preisschwankungen zu profitieren.

Die verschiedenen Arten von Trading umfassen:

- **Day-Trading**: Kauf und Verkauf von Vermögenswerten innerhalb eines Tages, ohne Positionen über Nacht zu halten.
- **Swing-Trading**: Halten von Positionen über mehrere Tage oder Wochen, um von kurzfristigen Trends zu profitieren.
- **Scalping**: Extrem kurzfristiges Trading, bei dem kleine Gewinne aus minimalen Preisbewegungen erzielt werden.

Während Trading das Potenzial hat, hohe Gewinne zu generieren, birgt es auch erhebliche Risiken. Ein erfolgreicher Trader muss daher sowohl das Handwerk des Tradings als auch die Psychologie des Marktes und insbesondere seine eigene verstehen.

2.2. Unterschied traditionelle Investitionen und Trading

Traditionelle Investitionen und Trading unterscheiden sich in der Herangehensweise und der Zielsetzung. Bei traditionellen Investitionen werden Vermögenswerte (z. B. Aktien) gekauft, um sie über einen längeren Zeitraum zu halten. Das Ziel ist ein langfristiger Wertzuwachs. Diese Methode basiert auf der

Annahme, dass der Wert der Anlage im Laufe der Zeit steigen wird.

Im Gegensatz dazu ist Trading kurzfristiger orientiert. Hier wird versucht, von Preisschwankungen auf kürzere Sicht zu profitieren. Positionen werden häufig innerhalb von Stunden, Tagen oder Wochen eröffnet und geschlossen. Die Fokussierung liegt auf der Ausnutzung kleinerer Preisbewegungen, anstatt auf langfristiges Wachstum zu setzen.

Zusammengefasst: Traditionelle Investitionen zielen auf langfristige Wertsteigerung ab, während Trading auf kurzfristige Gewinne ausgerichtet ist.

2.3. Risiken und Chancen im Trading

Trading bietet Potenzial für schnelle Gewinne, birgt jedoch auch erhebliche Risiken.

Chancen:

- **Schnelle Gewinne**: Bei richtiger Einschätzung der Marktbewegungen können in kurzer Zeit beachtliche Gewinne erzielt werden.
- **Flexibilität**: Durch schnelle Reaktionen auf Marktveränderungen kann in verschiedenen Marktlagen gehandelt werden.

Risiken:

- **Verluste**: Fehlentscheidungen oder unerwartete Marktentwicklungen können schnell zu Verlusten führen.
- **Hoher Stressfaktor**: Ständige Marktbeobachtung und die Notwendigkeit, schnell zu reagieren, können zu psychischer Belastung führen.
- **Kosten**: Häufige Transaktionen können sich aufgrund von Gebühren und Spreads negativ auf die Gesamtrendite auswirken.

Ein strukturiertes Risikomanagement ist daher entscheidend, um die potenziellen Gefahren zu minimieren.

2.4. Psychologie des Tradings

Erfolgreiches Trading ist nicht nur eine Frage der Technik, sondern auch der mentalen Einstellung. Emotionen wie Gier und Angst können zu irrationalen Entscheidungen führen, die oft Verluste verursachen. Hier einige psychologische Grundsätze:

- **Disziplin**: Es ist wichtig, sich strikt an den eigenen Plan zu halten und nicht aus emotionalen Gründen davon abzuweichen. Klare Regeln und feste Strategien helfen dabei, impulsive Entscheidungen zu vermeiden.
- **Geduld**: Gelegenheiten kommen und gehen. Es ist besser, auf die richtige Chance zu warten, als unüberlegt zu handeln. Die Fähigkeit, auf gute Möglichkeiten zu warten, ist entscheidend.
- **Risikobewusstsein**: Jede Entscheidung sollte wohlüberlegt sein. Der Einsatz sollte immer nur so hoch sein, dass ein Verlust keine existenziellen Auswirkungen hat.

i Auch wenn das jetzt banal und abgedroschen klingen mag – es ist wirklich wichtig!
All meine bisherigen Verluste entstanden dadurch, dass ich zu ungeduldig war und mich nicht an meine eigene Strategie gehalten habe.

3. Grundlagen des CFD-Tradings

3.1. Was sind CFDs?

CFD steht für "Contract for Difference" (auf Deutsch: Differenzkontrakt). Ein CFD ist ein Finanzinstrument, das es ermöglicht, auf die Kursbewegung eines Vermögenswerts zu spekulieren, ohne den Vermögenswert selbst zu besitzen. Mit anderen Worten: Es wird auf die Veränderung des Preises gewettet, und je nachdem, ob dieser steigt oder fällt, ergibt sich ein Gewinn oder Verlust.

Im CFD-Handel wird nicht das zugrunde liegende Asset (z. B. eine Aktie) gekauft, sondern es wird lediglich eine Vereinbarung getroffen, die Preisdifferenz zwischen dem Eröffnungs- und dem Schlusspreis zu handeln. Ein CFD kann man also nicht kaufen. Es ist ein Vertrag mit dem Broker – vergleichbar mit einem Darlehen bei der Bank. Und so wie die Bank, will auch der Broker Sicherheiten: genügend Kapital auf dem Konto.

Und daraus ergibt sich der große Reiz von CFDs: man kann in <u>beide</u> <u>Richtungen</u> spekulieren – auf steigende, aber auch auf fallende Kurse.

3.2. Vorteile und Nachteile des CFD-Handels

Vorteile:

- Marktzugang: CFDs bieten Zugang zu verschiedenen Märkten, wie Aktien, Rohstoffen, Währungen und Indizes, ohne dass das zugrunde liegende Vermögenswerte tatsächlich gekauft werden müssen.
- Handeln in beide Richtungen: Es kann auf steigende und fallende Preise spekuliert werden.
- Geringe Einstiegskosten: Da keine physischen Vermögenswerte gekauft werden, sind die Anfangskosten in der Regel niedriger als bei traditionellen Investitionen.

Nachteile:

- Hohes Risiko: Die Möglichkeit, Verluste zu erleiden, ist hoch, insbesondere bei plötzlichen Marktbewegungen.
- Kosten: Gebühren und andere Kosten können die Gewinne schnell schmälern.
- Komplexität: Der Handel mit CFDs erfordert ein gutes Verständnis der Märkte und der damit verbundenen Risiken

4. Wichtige Begriffe des CFD-Tradings

Bevor man mit dem CFD-Handel beginnt, ist es wichtig, einige grundlegende Begriffe zu verstehen:

4.1. CFD-Begriffe

Ask und **Bid**: Dies sind die Preise, zu denen CFDs gekauft und verkauft werden. Der "Ask"-Preis ist der Preis, zu dem ein CFD gekauft werden kann, und der "Bid"-Preis ist der Preis, zu dem er verkauft werden kann. Die Differenz zwischen diesen beiden Preisen nennt sich "Spread".

Chart: Der Kursverlauf eines Wertes (s.u.).

Spread: Der Spread ist die Differenz zwischen dem Ask-Preis und dem Bid-Preis. Der Spread stellt die Kosten für den Trader dar, wenn er eine Position eröffnet und ist eine wesentliche Einnahmequelle für Broker.

Um Gewinn zu erzielen muss der Kurs also erst den Spread überwinden. Je Kleiner der Spread, desto eher kommt man in die Gewinnzone. Der Spread ist daher ein wesentliches Auswahlkriterium bei der Wahl des Brokers.

Long-Position (**Kauf**): Wenn erwartet wird, dass der Preis eines Vermögenswerts steigt, wird eine Long-Position eröffnet. Das bedeutet, dass der CFD gekauft wird, um später zu einem höheren Preis verkauft zu werden.

Short-Position (**Verkauf**): Wenn hingegen erwartet wird, dass der Preis eines Vermögenswerts fällt, wird eine Short-Position eröffnet. Hierbei wird der CFD verkauft, um ihn später zu einem niedrigeren Preis zurückzukaufen.

i In Nachrichten, in Charts usw. wird nur der Bid angegeben.

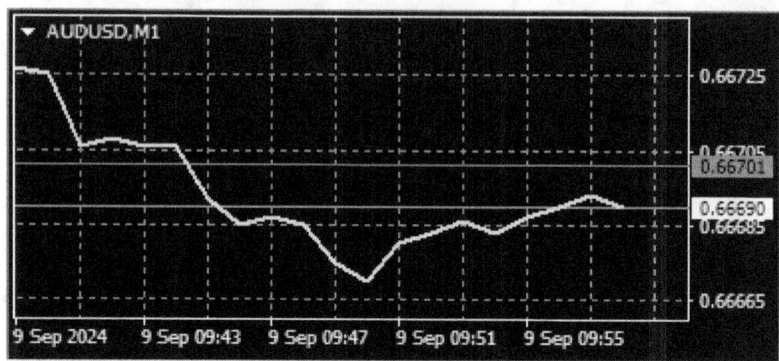

Bild1: AUSUSD: Bid=0,66690 Ask=0,66701

i Man   **kauft** bei **Ask** und **verkauft** bei **Bid**.

Lot: Ein Lot ist eine standardisierte Handelsgröße, die im Trading verwendet wird, um die Anzahl von Einheiten oder Verträgen zu bestimmen, die gehandelt werden. Je nach Markt gibt es unterschiedliche Größen von Lots:

- Standard-Lot: 100.000 Einheiten der Basiswährung.
- Mini-Lot: 10.000 Einheiten der Basiswährung.
- Mikro-Lot: 1.000 Einheiten der Basiswährung.

i Bei Aktien ist es einfach: man kauft eine Aktie (oder einen Teil). Was aber, wenn man CFD auf den DAX handeln will? Kauft man dann einen DAX? Da das nicht geht, hat man das Lot eingeführt. Da dies aber für Kleinanleger immer noch zu groß ist, hat man Mini- und Mikro-Lot eingeführt.

i Beispiel:
Angenommen, der aktuelle Marktpreis für ein Instrument beträgt:
Ask: 1000, Bid: 990, ein Lot = 1 €
Der Spread ist dann 10 Punkte (oder 10€). Wenn man zu diesem Zeitpunkt kauft, würde man zum Ask-Preis von 1000 kaufen. Würde man sofort wieder verkaufen, wäre

das zum Bid-Preis von 990. Man hätte also einen Verlust von 10 € die der Broker als Gebühr einbehält.

Steigt der Kurs um 10 Punkte dann ist der Bid-Preis 1000. Verkauft man dann, ist der Gewinn gleich null.

Swap: Neben dem Spread gibt es oft Gebühren für das Halten einer Position über Nacht. Diese Swap-Gebühren fallen an, wenn eine Position über den Handelstag hinaus gehalten wird. Dies kann entweder eine Belastung oder eine Gutschrift sein, abhängig von den Zinsen der gehandelten Vermögenswerte.

Leverage (Hebel): Der Hebel im CFD-Handel ermöglicht es, mit einem kleineren Einsatz eine größere Position zu kontrollieren. Dies bedeutet, dass durch einen Hebel von z.B. 1:10 ein Kapital von 1.000 € eine Handelsposition von 10.000 € kontrollieren kann. Der Hebel vergrößert sowohl Gewinne als auch Verluste. Es ist daher wichtig, sich der Risiken bewusst zu sein und den Hebel entsprechend der eigenen Risikobereitschaft zu wählen.

Margin: Die Margin ist der Betrag, den ein Trader als Sicherheitsleistung hinterlegen muss, um eine Handelsposition zu eröffnen. Sie ist ein Prozentsatz des Gesamtwerts der Position. Die Margin schützt den Broker vor möglichen Verlusten und stellt sicher, dass der Trader genug Kapital hat, um mögliche Verluste abzudecken.

i   Die Margin hängt extrem vom Hebel ab. Je größer der Hebel, desto kleiner ist die Margin. Man kann dann bei gleichem Kontostand mehr Positionen öffnen, was zu größerem Verlust führen kann. Um das zu verhindern, hat die europäische Regulierungsbehörde ESMA (European Securities and Markets Authority) ab August 2018 für Kleinanleger einen maximalen Hebel vorgeschrieben (bei DAX z.B. 1:20).

Balance: Die Balance ist der Kontostand - also das eingezahlte Kapital. Gewinne oder Verluste aus offenen Positionen sind hier nicht enthalten

Equity: Die Equity ist das freie Kapital – also der Gesamtwert des Kontos, einschließlich der offenen Positionen. Equity = Balance + laufende Gewinne/Verluste

Margin-Level: Der Margin-Level gibt an, wie viel Spielraum ein Trader auf seinem Konto noch hat. Er wird in Prozent angegeben und berechnet sich nach folgender Formel: Margin-Level = (Equity / Margin) × 100

Margin-Call: Sinkt der Margin-Level unter einen Grenzwert (meist 100%) dann schickt der Broker einen Margin-Call (Nachschussaufforderung). Man kann dann durch zusätzliches Kapital den Level anheben und so vielleicht den gefürchteten StopOut vermeiden.

StopOut-Level: Sinkt der Margin-Level unter den StopOut-Level (meist 50%) dann fängt der Broker an, Positionen zu schließen: der StopOut.

StopOut: StopOut ist Zwangsschließung von Positionen kurz bevor das Konto negativ wird.
Der Broker eröffnet die Positionen ja unter seinem Namen. Verständlich, daß er nicht für den Verlust eines Traders aufkommen will. Dies dient zum Schutz des Brokers.

Timeframe: Die Zeiteinheit in der die Kurse eines Instruments auf einem Chart zusammengefaßt werden (s.u.).

4.2. Bedeutung des Hebels

Bei der Wahl eines geeigneten Brokers ist der Hebel den der Broker anbietet von entscheidender Bedeutung, denn er legt die Margin fest. Am einfachsten läßt sich dies an einem Rechenbeispiel im Dax verdeutlichen.
Bei Dax gilt die 1-1-1-Regel: 1 Punkt – 1 Lot – 1 €.

Angenommen man hat eine Balance von 1000 EUR, geht mit einem Lot long und der Kurs sinkt 500 Punkte. Die Equity ist dann also nur noch: 1000 € – (500 Pkte x 1 €) = 500 €.

Für 1 Lot beträgt die Margin bei einem Hebel von 1:500 ca 37 €, bei einem Hebel von 1:20 ca 937 €.
Der Margin-Level wäre dann:
- bei 1:500: (500 / 37) x 100 = 1351%
- bei 1:20: (500 / 937) x 100) = 53%

Bei 1:20 ist man also kurz vor dem StopOut !!!

4.3. Charts / Timeframe

Ein Chart stellt den Kursverlauf eines Instrumentes graphisch dar. Es gibt drei wesentliche Darstellungsformen:

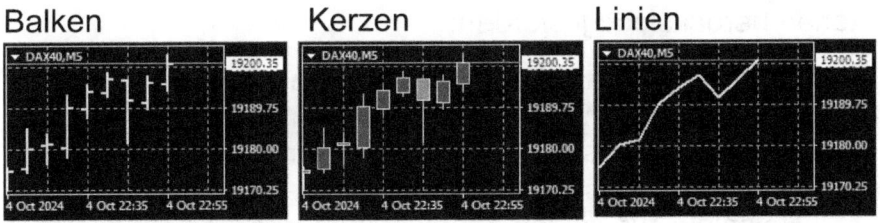

Bild2: Chart-Darstellungen

Hier erkennt man sofort die Funktion des Timeframes: in den obigen Charts ist der Timeframe jeweils 5 Minuten. Alle 5 Minuten wird ein neuer Balken oder eine neue Kerze erzeugt. Die Kursbewegung wird dann in diesem Balken/Kerze dargestellt. Beim Linienchart dagegen wird nur der Schlußkurs dargestellt und mit den vorherigen verbunden.
Bei den Balken wird der Eröffnungs- und Schlußkurs durch die kleinen Fähnchen dargestellt, bei den Kerzen durch den Kerzenkörper. Durch die Einfärbung des Körpers erkennt man steigende/fallende Kurse.
Die Wahl des Timeframes hängt von der beabsichtigten Strategie ab.

5. Die Auswahl des richtigen Brokers

5.1. Bedeutung der Brokerauswahl

Die Wahl des richtigen Brokers ist ein entscheidender Faktor für den Erfolg im CFD-Handel. Ein Broker stellt die Plattform zur Verfügung, über die der Handel abgewickelt wird, und bietet verschiedene Dienstleistungen an, die den Handelsprozess erleichtern. Ein guter Broker bietet nicht nur eine zuverlässige Handelsplattform, sondern auch transparente Gebührenstrukturen, schnelle Orderausführungen und umfassende Unterstützung.

5.2. Kriterien für die Brokerauswahl

Bei der Auswahl eines CFD-Brokers sollten verschiedene Kriterien berücksichtigt werden:

- **Regulierung und Sicherheit:** Der Broker sollte von einer anerkannten Finanzaufsichtsbehörde reguliert werden. Dies stellt sicher, dass der Broker bestimmten Standards entspricht und Kundengelder geschützt sind. Beispiele für solche Aufsichtsbehörden sind die BaFin (Deutschland), die FCA (Großbritannien) und die CySEC (Zypern).
- **Gebührenstruktur:** Die Kosten für den Handel variieren von Broker zu Broker. Es ist wichtig, auf die Gebührenstruktur zu achten, die den Spread, eventuelle Kommissionen und zusätzliche Kosten wie Swap-Gebühren umfasst. Transparenz ist hier entscheidend, um unerwartete Kosten zu vermeiden.
- **Orderausführung:** Schnelle und präzise Orderausführungen sind besonders im CFD-Handel wichtig, da kleine Kursveränderungen große Auswirkungen auf die Gewinne oder Verluste haben können. Ein guter Broker sorgt dafür, dass Orders ohne Verzögerungen ausgeführt werden.
- **Kundensupport:** Ein effizienter und leicht erreichbarer Kundensupport kann im Ernstfall entscheidend sein. Es

sollte die Möglichkeit geben, bei technischen Problemen oder Fragen zeitnah Unterstützung zu erhalten.
- **Hebel:** Nicht zuletzt ist der Hebel ein wichtiges Entscheidungskriterium. Er muß zur beabsichtigen Strategie passen.

5.3. Market-Maker oder STP/ECN-Broker?

Es gibt im wesentlichen zwei verschiedene Arten von Brokern, die unterschiedliche Modelle für die Ausführung von Aufträgen verwenden:

- **Market-Maker (Dealing-Desk):** Ein Market-Maker stellt die Kurse selbst und nimmt die Gegenposition zu den Trades der Kunden ein. Das bedeutet, dass der Broker direkt in den Handelsprozess involviert ist. Während dies zu geringeren Spreads führen kann, besteht der potenzielle Interessenkonflikt darin, dass der Broker bei Verlusten des Traders profitiert.
- **STP/ECN-Broker:** STP (Straight Through Processing) und ECN (Electronic Communication Network) Broker leiten die Aufträge der Kunden direkt an den Markt oder an Liquiditätsanbieter weiter, ohne selbst als Gegenpartei aufzutreten. Dies führt zu einer neutraleren Auftragsausführung, allerdings sind die Spreads oft höher, und es können zusätzliche Kommissionen anfallen.

5.4. Handelsplattformen

Metatrader:
Der MetaTrader ist die wohl führende Plattform. Mir ist kein Broker bekannt, der ihn nicht anbietet. Ein wichtiges Kriterium falls ein Brokerwechsel erforderlich ist.

Metatrader4 (MT4) wurde 2004 veröffentlicht. Er hat das Trading revolutioniert, da er nicht nur die Möglichkeit zu manuellem Trading bot, sondern auch die Möglichkeit eigene automatisierte Handelssysteme (Expert-Advisor) zu entwickeln. Das führte zu einer extrem großen Community – es gibt tausende individueller EAs und Indikatoren.

Sein Nachfolger, der MT5, wurde 2010 veröffentlicht. Er bietet erweiterte Funktionen und unterstützt eine größere Anzahl von Finanzinstrumenten. Es ist eine Multi-Asset-Plattform, die sich nicht nur für CFD, sondern auch für den Handel mit Aktien und Futures eignet.

Obwohl der neuere und vermeintlich bessere MT5 bereits seit über 10 Jahren verfügbar ist, nutzen immer noch ca 75% der CFD-Trader den MT4. Der MT5 ist nicht kompatibel mit dem MT4. Programme für den MT4 laufen also nicht unter MT5. Für CFDs bietet der MT5 keine nennenswerten Verbesserungen – auch die Oberfläche ist nahezu identisch. Für Programmierer ist der MT5 aber deutlich schwieriger. Also: für CFD kaum Vorteile, für Programmierer deutliche Nachteile.

Der Hersteller vom Metatrader (Metaquotes) versucht über deutlich günstigere Lizengebühren die Broker zum MT5 zu drängen – bislang vergeblich. Alle mir bekannten Broker haben etwa 5 mal mehr Server für MT4 als für MT5. Die Lizenzgebühren trägt der Broker – für Trader ist der Metatrader kostenfrei.

Diese Lizenzgebühren haben viele Broker veranlasst, nach Alternativen zu suchen. Einige haben proprietäre, eigene Lösungen entwickelt, die sich jedoch nicht halten konnten. Inzwischen gibt es aber durchaus Alternativen.

cTrader:
Der cTrader ist eine Trading-Software mit fortgeschrittenen Features. Er wurde 2010 von Andrey Pavlov gegründet und hat sich zum Ziel gesetzt, CFD und Forex-Handel so einfach und so zugänglich wie möglich zu gestalten. Der cTrader wird für seine moderne Benutzeroberfläche und schnelle Auftragsausführung geschätzt. Er ist besonders bei ECN-

Brokern beliebt. Durch cAlgo bietet auch der cTrader die Möglichkeit zu algorithmischem Handeln. Die Kosten für die Plattform werden meist vom Broker übernommen.

TradingView:
TradingView ist eine webbasierte Plattform, die sich auf Charting und soziale Handelsnetzwerke konzentriert. Sie ist bekannt für ihre benutzerfreundlichen Tools und die Möglichkeit, Handelsideen zu teilen und zu analysieren.

Auch TradingView bietet mit PineScript die Möglichkeit zu automatisiertem Handel.

Allerdings entstehen bei TradingView zusätzliche Kosten für den Trader.

Nachfolgend nochmal alle wesentlichen Eigenschaften:

MetaTrader 4 (MT4):
- **Funktionen:**
    - 30+ technische Indikatoren
    - 9 Zeitrahmen für die Chartanalyse
    - Unterstützung von Expert Advisors (automatisierte Handelsstrategien)
    - Große Community und zahlreiche Online-Ressourcen
- **Vorteile:**
    - Einfach zu bedienen und weit verbreitet
    - Große Auswahl an Indikatoren und Tools
    - Unterstützt automatisierten Handel
    - Verfügbar auf mehreren Geräten (PC, Mac, Mobil)
- **Nachteile:**
    - Veraltet im Vergleich zu neueren Plattformen
    - Begrenzte Multi-Asset-Unterstützung

MetaTrader 5 (MT5)
- **Funktionen:**
    - 38+ technische Indikatoren

- 21 Zeitrahmen für detaillierte Analysen
- Erweiterte Markttiefe und Handelsmöglichkeiten
- Mehrfache Orderarten und Positionseröffnungen
- **Vorteile:**
  - Bessere Multi-Asset-Unterstützung als MT4
  - Mehr Zeitrahmen und Indikatoren
  - Verbesserte Benutzeroberfläche und Funktionen
- **Nachteile:**
  - Weniger Unterstützung durch Broker im Vergleich zu MT4
  - Einige Händler bevorzugen weiterhin MT4 wegen der breiteren Community

cTrader
- **Funktionen:**
  - Direkter Zugang zu Märkten (DMA)
  - Erweiterte Charting-Tools und eine benutzerfreundliche Oberfläche
  - Automatisierter Handel mit cAlgo
  - Transparente Preisgestaltung
- **Vorteile:**
  - Schnelle und zuverlässige Auftragsausführung
  - Moderne und intuitive Benutzeroberfläche
  - Ideal für ECN- und STP-Broker
- **Nachteile:**
  - Weniger Broker-Unterstützung im Vergleich zu MT4/MT5
  - Kleinere Community und weniger Drittanbieter-Tools

TradingView
- **Funktionen:**
  - Webbasierte Charting-Plattform mit Echtzeit-Daten

- Große Community zum Teilen von Ideen und Analysen
- Unterstützung für Skripting und automatisierten Handel
- Integration mit verschiedenen Brokern für direkten Handel
- **Vorteile:**
  - Intuitive Benutzeroberfläche und einfach zu bedienen
  - Zugriff auf eine breite Palette von Märkten und Instrumenten
  - Starke soziale Handelsaspekte
- **Nachteile:**
  - Eingeschränkte Handelsfunktionen im Vergleich zu spezialisierten Plattformen
  - Kostenpflichtige Abonnements für erweiterte Funktionen

Vergleich der Plattformen:

Plattform	Hauptvorteile	Hauptnachteile	Beste Anwendung
MT4	Weit verbreitet, einfach zu bedienen	Veraltet im Vergleich zu MT5	Forex- und CFD-Trader
MT5	Mehr Funktionen, Multi-Asset-Support	Weniger Unterstützung durch Broker	Fortgeschrittene Trader, Multi-Asset
cTrader	Moderne Oberfläche, schnelle Ausführung	Weniger Broker-Unterstützung	ECN-Trader
Trading-View	Intuitive Charts, große Community	Begrenzte Handelsmöglichkeiten, Zusatzkosten	Charting und soziale Netzwerke

5.5. Demokonto nutzen

Ein Demokonto ist eine ausgezeichnete Möglichkeit, einen Broker und seine Plattform risikofrei zu testen. Alle mir bekannten Broker bieten diese Möglichkeit an, um potenziellen Kunden die Chance zu geben, sich mit den Funktionen und der Benutzeroberfläche vertraut zu machen. Auf diese Weise können Handelsstrategien ohne den Einsatz von echtem Geld ausprobiert und die Reaktionsfähigkeit der Plattform in verschiedenen Marktsituationen getestet werden.

5.6. Fazit

Die Wahl des richtigen Brokers sollte nicht überstürzt werden.

Natürlich kann man einen Broker wechseln, aber ein Wechsel des Brokers ist vergleichbar mit dem Wechsel der Bank – möglich aber mit Aufwand verbunden. Daher lieber vorher genau vergleichen!

i Die aus meiner Sicht wichtigsten Kriterien sind:
- **Art** (ich verwende nur **STP/ECN**)
- **Spread** (oder allgemein die Gebühren)
- **Handelsplattform**
- **Hebel**

Plant man automatisiert zu handeln und will sich in der Brokerwahl nicht einschränken, geht das aktuell nur mit dem Metatrader.

6. Praktische Aspekte des CFD-Handels

6.1. Handelsstrategien im CFD-Handel

Es gibt einige grundlegende Strategien:

Trendfolgestrategie: Diese Strategie basiert auf der Annahme, dass sich die Kursbewegungen in einem Trend fortsetzen. Ein Trader kauft, wenn der Markt steigt, und verkauft, wenn der Markt fällt. Diese Methode erfordert, dass der Trend erkannt und in die richtige Richtung gehandelt wird.

Range-Trading: Bei dieser Strategie wird davon ausgegangen, dass sich der Preis eines Vermögenswerts innerhalb eines bestimmten Bereichs bewegt. Der Trader kauft, wenn der Preis den unteren Bereich der Handelsspanne erreicht, und verkauft, wenn der Preis den oberen Bereich erreicht. Diese Strategie ist besonders nützlich in Märkten ohne klaren Trend.

Breakout-Strategie: Diese Strategie wird angewandt, wenn der Preis einen vorher definierten Widerstand oder Unterstützungsbereich durchbricht. Ein Trader handelt in der Regel in Richtung des Durchbruchs, um von den sich ergebenden schnellen Kursbewegungen zu profitieren.

Alle diese Strategien haben eines Gemein: die Definition hängt extrem vom eingesetzten Timeframe ab:

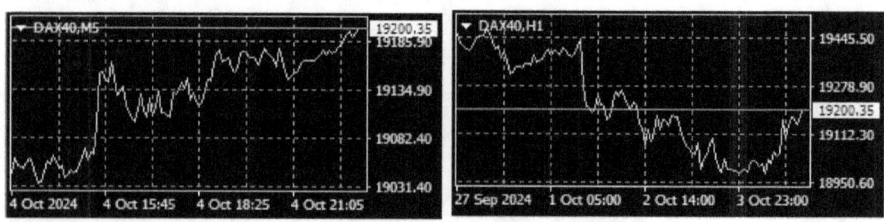

Bild3: Timeframes

Beide Charts zeigen den gleichen Kurs. Aber ist der Dax in einem Aufwärtstrend oder nur in einer Kurskorrektur während eines Abwärtstrends?

6.2. Risikomanagement im CFD-Handel

Risikomanagement ist entscheidend, um Verluste zu minimieren und den Handel sicher zu gestalten. Wichtige Mechanismen im Risikomanagement sind:

Stop-Loss: Ein Stop-Loss wird verwendet, um automatisch eine Position zu schließen, wenn der Preis ein bestimmtes Niveau erreicht. Dies hilft, Verluste zu begrenzen.
Wichtig ist, daß sich der Kurs **gegen** die Position bewegen muß. Ein Stop-Loss bei einer Long-Position muß also unterhalb des Kurses gesetzt warden, bei einer Short-Position oberhalb des Kurses.

Take-Profit: Ein Take-Profit wird verwendet, um eine Position automatisch zu schließen, wenn der Preis ein gewünschtes Gewinnniveau erreicht. Dies ermöglicht es, Gewinne zu sichern, ohne die Position ständig überwachen zu müssen.
Auch hier ist wichtig zu beachten, daß sich der Kurs **in Richtung** der Position bewegen muß. Ein Take-Profit bei einer Long-Position muß also oberhalb des Kurses, bei einer Short-Position unterhalb des Kurses gesetzt werden.

Trailing-Stop: Ein Trailing-Stop ist ein gleitender Stop-Loss. In einem vorgegebenem Abstand wird der Stop-Loss nachgezogen. Dies ermöglicht es, Gewinne zu sichern, auch wenn der Preis die Richtung ändert.
Trailing-Stop ist (entgegen Take-Profit oder Stop-Loss) nicht beim Broker gesetzt, sondern muß vom Trader nachgezogen werden. Das kann manuell, oder sinnvollerweise über ein aktives Programm erfolgen (z.B. der Metatrader oder ein eigener EA).

Positionsgröße: Die Größe der Handelsposition (Lotsize) sollte so gewählt werden, dass mögliche Verluste im Verhältnis zum Gesamtkapital akzeptabel bleiben. Eine häufig empfohlene Praxis ist, nicht mehr als 1-2% des Handelskapitals in einem einzelnen Trade zu riskieren.

Diversifikation: Die Verteilung von Investitionen auf verschiedene Vermögenswerte oder Märkte kann das Risiko reduzieren. Anstatt alles in einen Vermögenswert zu investieren, kann die Streuung auf mehrere Instrumente helfen, Risiken zu minimieren.

7. Anhang: CFD-Handelsbegriffe

Ask: Der Preis, zu dem ein CFD gekauft werden kann

Balance: Der Kontostand (ohne offene Positionen).

Bid: Der Preis, zu dem ein CFD verkauft werden kann

Dealing-Desk: Ein Broker-Modell, bei dem der Broker die Orders der Kunden intern verwaltet und selbst die Preise festlegt.

ECN (Electronic Communication Network): Ein Modell, das den direkten Zugang zu Liquiditätsanbietern und anderen Marktteilnehmern ermöglicht, um eine transparente Preisgestaltung zu gewährleisten.

Equity: Das freie Kapital eines Kontos (inclusive Gewinn/Verlust offener Positionen).

Forex: Steht für ForeignExchange – also Wechselkurse ausländischer Währungen.

Hebel: Ermöglicht es, eine größere Handelsposition zu kontrollieren, als das tatsächliche Kapital beträgt.

Leverage: siehe Hebel.

Long: Eine Handelsposition, bei der ein Trader auf steigende Preise setzt, indem er einen CFD kauft.

Lot: Die Größe einer Position um die Anzahl von Einheiten oder Verträgen zu bestimmen, die gehandelt wird.

Margin: Der Betrag, der als Sicherheitsleistung hinterlegt werden muss, um eine Handelsposition zu eröffnen.

Margin-Call: Nachschussaufforderung des Brokers, wenn der Margin-Level unter einen Grenzwert (meist 100%) sinkt.

Margin-Level: Kennzahl, die den Zustand eines Margin-Kontos im Handel beschreibt.

Market-Maker: Ein Broker, der selbst die Kurse stellt und als Gegenpartei zu den Trades seiner Kunden auftritt.

Range: Eine Range beschreibt den Markt, wenn keine Auf- oder Abwärtsbewegung des Kurses innerhalb eines bestimmten Zeitraumes vorliegt.

Short: Eine Handelsposition, bei der ein Trader auf fallende Preise setzt, indem er einen CFD verkauft.

Slippage: Slippage bezeichnet die Differenz zwischen dem erwarteten Preis einer Order und dem tatsächlich ausgeführten Preis. Slippage kann auftreten, wenn sich der Marktpreis schnell ändert, während eine Order bearbeitet wird. Dies kann sowohl positiv als auch negativ sein.
Anders ausgedrückt: Slippage entsteht, wenn sich der Marktpreis in den paar Millisekunden der Bearbeitung geändert hat.

Spread: Die Differenz zwischen Ask- und Bid. Dies stellt die Handelskosten dar, die der Trader zahlen muss.

Stop-Loss: Der Kurs zu dem eine Position automatisch schließt um Verluste zu begrenzen.

StopOut: Zwangsschließung von Positionen kurz bevor das Konto negativ wird.

StopOut-Level: Der Margin-Level bei dem der Broker mit dem StopOut beginnt.

STP (Straight Through Processing): Ein Modell, bei dem die Orders direkt an den Markt oder an Liquiditätsanbieter weitergeleitet werden, ohne dass der Broker als Gegenpartei auftritt.

Swap: Gebühren, die für das Halten einer Position über Nacht anfallen.

Take-Profit: Der Kurs zu dem eine Position automatisch schließt um Gewinne zu sichern.

Timeframe: Die Zeiteinheit in der die Kurse eines Instruments auf einem Chart zusammengefaßt werden.

Trailing-Stop: Der Stop-Loss wird in einem definierten Abstand nachgezogen wenn der Kurs in Richtung der Position läuft. Dreht der Kurs, dann können Gewinne zumindest teilweise gesichert werden.

Trend: Im Allgemeinen versteht man unter Trend eine auf- oder absteigende Bewegung des Kurses innerhalb eines bestimmten Zeitraumes. Man spricht von einem Aufwärtstrend (bullisher Trend) wenn der Kurs steigt, von einem Abwärtstrend (bearisher Trend), wenn der Kurs fällt.
Seltener wird der Begriff Seitwärtstrend verwendet. Das ist dann eigentlich eine Range.